D1697528

Mario Hladicz

# Tag mit Motte

Gedichte

www.editionkeiper.at

© edition keiper, Graz 2023
1. Auflage März 2023
literatur nr. 142
Cover, Layout und Satz: textzentrum graz
Lektorat: Maria Ankowitsch
Coverfoto: Karin Kröpfl
Autorenfoto: privat
Druck: Totem
ISBN 978-3-903322-88-2

Mario Hladicz

# TAG MIT MOTTE
Gedichte

*Let all be simple.*
Charles Simic

I

## Der Morgen

Kurz vorm Ende des Jahres bin ich
wieder ein Kind es ist noch finster
als ich die Wohnung verlasse ein
alter Schlager begleitet mich durch
den Morgen *wenn Teenager träumen*
ohne ersichtlichen Grund meine
Schultasche ist leicht nichts drin außer
Schnee und ein paar gute Vorsätze
für später das wird sich noch rächen
aber für den Moment ist da nur diese
Kälte und ein leises Knistern bei jedem
Stern der über mir langsam erlischt

## Kleine Mütter

In ihren blassen Kitteln sind sie
leicht zu übersehen auf ihrem
Fußweg in die Stadt sie kaufen

nur das Nötigste aus den unteren
Regalen im Lebensmittelladen beim
Zahlen an der Kassa werden sie

rasch noch einmal kleiner während
sie nervös das Kleingeld zählen und
beim Ausgang sind sie beinah schon

verschwunden im Schatten ihrer
Einkaufskörbe da kommen wir ins
Spiel wir setzen sie uns auf die

Schulter bringen sie wohlbehütet
heim es sind nur ein paar Schritte für
sie ein ganzes Leben Tränen kullern

wohl aus Dankbarkeit säuseln sie uns
verträumt Geschichten von der Zeit ins
Ohr als die Dinge noch ganz anders lagen

## Steine woanders

Was wären wir lieber fragst du im
Park und ich würde natürlich sagen
*Enten* aber ich weiß nicht ob du eine
Antwort erwartest wir sitzen am Ufer
des Flusses und trinken Bier da kann
man durchaus philosophisch werden
du lässt Steine übers Wasser hüpfen
bald schon entziehen sie sich dem Blick
vielleicht springen sie immer weiter
hinaus aus der Stadt dorthin wo man
Verständnis für ihre Verschwiegenheit
hat womöglich könnte meine Antwort
also auch lauten *Steine woanders* von
der Hundewiese unweit entfernt dringt
zärtliches Kläffen wenn es so etwas gibt

## Schnipsel

Die zweite Hälfte des Tages
gehört der Tristesse ein Kampf
mit dem Bürostuhl um zwei als
trauriges Highlight verblichener
Stunden an der Fensterfront
lehnt Madame Sagan ach nein
das ist nur eine Topfpflanze man
hatte auch schon mal frischere
Augen über den Bildschirm läuft
ein Insekt eine winzige Tröte in
seinem wie heißt es doch gleich
Kauapparat es bläst hinein und man
schreckt wieder hoch was gibt es
zu feiern vielleicht dass man den
Gang durch den Aktenvernichter
schon hinter sich hat jetzt ist man
viele und auf einmal so lockiges Haar

## Der Buchhändler erzählt

Wie laufen die Geschäfte danke gut die Leute
lesen wieder mehr vor allem Ratgeber darüber
wie man der blöden Sterblichkeit entkommt
oder vermögend wird mit minimalem Aufwand
aber wir verkaufen jetzt auch Kaffeetassen
mit Namen drauf und Glückwunschkarten zum
ersten eigenen Auto die Jugend hat nun wieder
Proust für sich entdeckt nein Scherz sie treibt
sich nur gelegentlich um die Erotikliteratur herum
so lang bis ein Erwachsener kommt und sie sich
zerstreut in alle Winde

# Der tote Bäcker

Ich mach noch immer meine Tour
morgens durch das stille Dorf es hat
schon aufgehört die Namen derer
aufzusagen die es nicht mehr gibt zu
denen fahre ich und lege meine Waren
ab auf morsche Fensterbänke und
dergleichen mehr sehr dünne Ärmchen
greifen zu es ist ein angenehmer Job
kein böses Wort wenn ich Verspätung
habe in der Ewigkeit gibt es kein Warten
mehr und nicht die leiseste Beschwerde
über meine viel zu harten Semmeln

## Staubsaugervertreter

Vor einer guten Woche schlug er
seine Zelte auf im Einkaufszentrum
gleich gegenüber der Trafik blickt
manchmal leicht verstohlen hin
zum Brieflosautomaten doch nimmt
gleich wieder Haltung an jetzt beißt
er rasch von seiner Käsesemmel ab
wischt die Brösel von der Hose auf den
mitgebrachten Teppich und wirft den
Sauger wieder an zu Vorführzwecken

# Die Katzenfrau

hat sich verändert beinahe
hätten wir sie nicht erkannt
als sie zuvor das Haus verließ

das Haar gekämmt mit klarem
Blick und gelassen das Gejammer
ignorierend hinter ihr von Minki

Felix und den anderen sieben die
ihr auf sanften Pfoten folgten noch
lang bis nach der ersten Kreuzung

## Baustelle

Dein Rücken ist aber auch eine Baustelle
sagst du und fährst meine Wirbel entlang
eine Handvoll Arbeiter hat gerade darauf
Pause es gibt nichts zu bereden das Licht
dieses Tages macht sie einander fremd sie
starren nur auf die schweren Maschinen in
der Umgebung still liegen sie da für die
Dauer einer Zigarette wo bleibt der Lehrling
mit der Jause schon wieder womöglich
versucht er das Kleingeld zu wechseln gegen
eine neue Berufung nichts wo die Hände
nicht zu gebrauchen sind nach zweieinhalb
Stunden die Männer fahren sich über die
beleidigten Nacken was gäbe man jetzt für
sanfte Hände von irgendwoher eine zärtliche
Stimme die fragt gut so? und man wüsste mit
großer Bestimmtheit nichts darauf zu sagen

# Krankenhauskantine

In deinem dünnen Hemdchen
siehst du aus wie ein Gespenst
das uns noch lange heimsucht
du klammerst dich an deinem
Infusionsständer fest um nicht
davonzufliegen bis wenigstens
vor 21 Uhr hast du Kleingeld für
den Kaffee vom Automaten frag
ich du lächelst müde greifst mir
hinters Ohr und präsentierst mir
eine alte Silbermünze später willst
du wissen wie es zu Hause läuft
und meine Worte gehen unter im
Geknatter eines Hubschraubers der
eben landet über unseren Köpfen

# Die Toten

stempeln ein beim Mond sie ziehen
durch die Nacht wie üblich sollen sie
Werbung machen für ihre Sache und
klopfen an bei jeder zweiten Tür für

eine Unterschrift gibt's Kulis schwarze
Luftballons und ach wie praktisch einen
dieser Einkaufswagenchips jedoch weiß
man Bescheid und stellt sich einfach

schlafend in den Häusern ihre Masche
zieht nicht mehr in der modernen Welt
gibt es so viel Zerstreuungsangebot die
Toten stehen da wie niemals abgeholt

sie gehen ihre brav gelernten Sätze
durch sie schauen auf die Uhr vier gute
Stunden noch das wird mal wieder eine
lange Nacht dabei ist ihnen kalt so kalt

# Münze

Hier nun das Fundstück des Tages
eine alte Münze zufällig beim
Aufräumen gefunden wir schauen
uns an und werden dabei wieder
jung unsere Falten flattern davon
und du brauchst keine Brille wir
kennen uns erst flüchtig noch keine
großen Gefühle im Spiel noch keine
Enttäuschung gingen wir jetzt außer
Haus der halbe Tag stünde uns offen

## Bemerkungen zum meteorologischen Sommerbeginn

Und plötzlich geht es wieder
los das Freibad hat geöffnet die
Pappeln rundum wiegen sich
im trägen Blues der Hitze wir
müssen mit den Köpfen nicken
und der Mond verblasst ist
neidisch untertags so ziemlich
alles glänzt im Sonnenöl poliert
wie blanke Äpfel die ungelenken
Burschen ziehen los in ihren Shorts
um kurze Blicke zu erhaschen im
Umkreis der Kabinen und die erste
Jungmutter des Sommers hält
sich am Beckenrand den Windelpo
des Babys prüfend an die Nase

## Salto

Der Versuch zählt sagst du
nachdem ich aufgetaucht bin
aus dem Wasser am Abend
dein Kleid applaudiert dezent
am Ufer es lacht jemand und
hat die Wolken blassrosa
gestrichen die Wellen sind
schon klein um diese Uhrzeit
und man wird nicht mehr so
anstandslos trocken tut's sehr
weh fragst du als ich vor dir
stehe es wird schon wieder
zeitig finster aber mein Rücken
leuchtet uns sicher den Weg

# Die dunkle Seite

Die Pinguine am Kap der guten
Hoffnung mischen sich sehr gerne
unters Volk am Strand sie planschen
ausgelassen mit den Urlaubern in

Ufernähe und sind so wohlerzogen
dass sie beinahe nie auf Badetücher
treten doch gibt es auch noch diese
andere Seite wenn die Eltern grad

nicht schauen zwicken sie mit ihren
Schnäbeln kleinen Kindern in die
blanken Hintern und spätnachts noch
schleichen sie sich in die Hinterhöfe

klettern lautlos über Gartenzäune
recken ihre Hälse und erheben ein ganz
schreckliches Gekrächze so lang bis
auch im letzten Haus das Licht angeht

## Fotografie 1990

Im Hof gibt's noch den Birnbaum
umschwärmt von späten Wespen
und die alte Wäscheleine mit den
vielen bunten Kluppen in der Sonne
räkelt sich die tote Katze bis die
Kinder sie verscheuchen weiter
hinten parkt der Vater den noch
unfallfreien Wagen und ganz am
Bildrand links fast nur Ahnung flieht
im Bikini rot mit weißen Punkten
die Mutter vor dem Gartenschlauch

# Ping Pong

Dein Rückschlag im Aus –
du setzt einen weißen Punkt
hinter den Sommer

## Lagerfeuer

Wir stochern in der Glut besehen die
Reste unter die Funken schummeln sich
Glühwürmchen wie tote Attrappen die

Hausmauer entlang wir erzählen uns
keine Geschichten vom Feuer wir kennen
schon alle bald ist es Nacht wir gehen

ins Haus liegen eng beieinander zwei
Menschen aus Rauch mit flachem Atem
horcht man auf all die Geräusche vom

angrenzenden Wald die verblüfften Schreie
kleinerer Tiere die nicht glauben können
dass sie gefressen werden von größeren

# Blues

Liegst du nur lange genug auf dem Gras
hinterm Haus beginnt es leise zu singen
einen Blues auf die verschwundenen
Dinge und auf diesen ewiggleichen Blick
in den Himmel auf die Frau die gegangen
ist und nicht mehr wiederkam auf das letzte
gemeinsame Foto das es gibt von euch
beiden es zittert kaum merklich sein Mund
ist ein Loch nur ein Stück verbrannte Erde
ihr lässt eine Flasche Whiskey kreisen nickt
euch verschwörerisch zu irgendwo fern
spielt ein verstimmtes Banjo oder ein Hahn
kräht mal wieder zur falschen Stunde

## Vom Alleinsein

Sechs Uhr früh und das rechte Ohr
gibt langsam den Geist auf wer will
es ihm auch verdenken denkt man
während man eher mechanisch das
Marmeladebrot streicht auf die Welt
gekommen als Ohr und nicht etwa als
Tennisprofi dieses Schicksal will erst
verkraftet werden aber zumindest kein
Mund denkt man denkt es vielleicht
schon allein der feuchten Küsse wegen
bei verhassten Verwandtenbesuchen
ein Geräusch im Ohr jedenfalls macht
den Morgen verhangen als würde eine
einsame Frau die Vorhänge zuziehen
am Fenster sehr langsam und in der
kleiner werdenden Hoffnung jemand
tauche doch noch in der Hofeinfahrt auf

## Vom Verlassen der Kräfte
(Schwarzes Brett)

Verkaufe

Bornemann – Lateinisches
Unterrichtswerk B

Lediglich

auf den ersten zwei Seiten
sind Wörter unterstrichen

# Genügsam

Es würde ihm genügen meinte er
ab und zu am Bahnhof zu stehen
gegen die Stille Durchsagen zu hören
die ihn nicht betreffen Menschen
zu sehen die Fahrpläne studieren und
leichten Herzens in Züge einsteigen
im Wissen sie werden erwartet

# Notiz

Bevor man das Licht löscht noch eine
Notiz auf der Rückseite des Kalenders
vom Vorjahr was für eine komische Zeit
die Tage waren insgesamt noch nicht
reif zu hart und zu dunkel im Kern man

irrte umher und blieb an Türschnallen
hängen niemand bemerkte den Schmerz
oder man tat wenigstens so die Montage
waren doppelt vorhanden das machte
die Seele auch nicht unbedingt leichter

einmal vergaß man etwas am Herd ein
Geruch nach Vergeblichkeit hing noch
tagelang in der Luft das Meerschwein
verkroch sich hinter den Kasten und kam
nie mehr hervor Nacht für Nacht sein

fröhliches Quieken in unseren Träumen
das war's auch schon wieder ein Jahr nicht
viel aber hätte es einer in einer finstern
Gasse aus der Jackentasche gezogen man
hätte tatsächlich kaum Nein sagen können

# Drama auf vier Zeilen

So oft an sie gedacht dass sie
ihres permanenten Schluckaufs wegen

langsam vereinsamte
am anderen Ende der Stadt

# II

# Was ich in Büchern fand

Eine Weihnachtskarte von vor Jahren die
ein schiefes Lied anstimmt wenn man sie
öffnet und auf einem handgeschriebenen
Zettel ein misslungenes Gedicht eine lang
vergessene Notiz etwas nur ja nicht zu
vergessen eine Absage verpackt in schöne
Worte den Beipackzettel für ein Medikament
und ein ungebrauchtes Pflaster einen alten
Geldschein wertlos zwei Fotos von glücklichen
Momenten einen abgedroschenen Liebesbrief
in fremd gewordener Handschrift alles nur
kein Lesezeichen um anzuzeigen wo ich war

# Mai

Cumuluswolken und andere
Schatten die Spuren der Finger
im Fell der Katze bleiben jetzt
länger am Gartentisch quillt ein
Buchdeckel auf in der Sonne
Ameisen krabbeln darüber wie
flüchtige Buchstaben vom nahen
Sportplatz die Rufe junger Männer
unterbrochen nur vom Geräusch
zusammenprallender Körper die
eine Weile liegen bleiben im Gras

## Am Dach

Manchmal denk ich am Dach
könnte ich sein so für länger
im Schatten des Schornsteins
bleiben und die frühen Vögel
betrachten die mich dulden
würden aus Mitleid wenn mich
jemand entdeckte hätte ich
rasch etwas zu tun Schicht für
Schicht würde ich abtragen um
nachzusehen ob du mich vermisst

# Kündigung

Er kam nach Hause eigentlich
zu früh da würde er nun also
sein für eine Weile streifte die
Arbeitsschuhe ab und stellte sie
nebeneinander als wäre er nur
Gast sie fragte was damit nun
sei die dürfe er behalten gab er
zurück da nickte sie und sagte:
immerhin

## Erlebnisbericht

Wir füllen den Tag mit Handgriffen in
verschiedenen Zimmern du verrückst
im Bad die Shampooflaschen ein wenig
ich schlage Nägel in Wände für später
im Büro heckselst du Liebesbriefe von
damals ich stückle sie wieder zusammen
und lese sie vor wie ein Schüler seinen
Erlebnisbericht zu guten zwei Dritteln
erfunden aus der Küche von fern trägst
du mir auf doch endlich den letzten Pfirsich
zu essen der hat schon ganz faltige Haut

# Nach dem Gewitter

Ein entferntes Grollen noch in jedem
Raum als hätte jemand Hunger aber
nichts im Kühlschrank über Schreibtisch
und Kommode hängen letzte dunkle
Wolken das verleiht der Wohnung gleich
eine ganz eigene Atmosphäre natürlich
alles feucht jetzt alles morsch und völlig
zum Vergessen die Geliebte würde sicher
schimpfen in ihrer zarten Art wär sie nicht
verlorengegangen in diesem Durcheinander
aber überhaupt was sagst du eigentlich
zu dieser Luft würd ich sie gleich im Ansatz
unterbrechen so frisch so klar atme tief
ein und wieder aus sag das ist doch herrlich

## Väter

Sie hausen ganz am Rand dort wo
schon der Wald beginnt sie zeigen
sich nur selten verschwinden immer
mehr im Grün und Braun zwischen

Moos und Zweigen noch im Herbst
kann man auf sie treffen verkrochen
unter einem Stein dann darf man
nur nicht hektisch werden mit Glück

gelingt es sie ins Haus zu locken mit
einem Bier wo sie dann einen Tag
lang bleiben oder zwei von solcherlei
Begebenheiten hat man schon gehört

# Friedhofspaziergang

Per Bus zum Friedhof
und man stellt erleichtert fest:
nicht die Endstation

***

Am Automaten
für Kerzen seit Jahren der
Vermerk: derzeit leer

***

Die Gräber üben
der Sonne standzuhalten
ohne zu blinzeln

***

Auf Bäumen lesen
die Vögel die Geschichten
der Toten laut vor

***

Zwischen den Gräbern
nimmt ein blondes Mädchen ein
Bad in der Sonne

\*\*\*

Auf einer Bank ist
ein Mann vertieft in das Buch
*Grabpflege kompakt*

\*\*\*

Beim Blumenladen
nebenan kann man jetzt auch
die Post aufgeben

\*\*\*

Was hältst du von dem
Platz dort oben mit Ausblick
auf den McDonald's?

\*\*\*

# Mein Mann

Früher benötigte er
so viel Platz beinahe die
gesamte Couch während
unserer gemütlichen
Fernsehabende

Heute passt er problemlos
ins obere Regal unserer
Wohnzimmerwand links
neben dem Foto von unserem
Italienurlaub 89

## Einsames Tanka

Der Nachbar schleppt sein
neues Einzelbett stöhnend
die Stiegen hinauf –

Was für traurige Bilder
die Einsamkeit hervorbringt!

# Nachbarn nachts

Es ist stets dasselbe erst ein dumpfes
Rumpeln und sie beginnt zu schreien
auf Spanisch Worte der Verzweiflung
wie ich vermute ohne kaum je Luft zu
holen doch auf einmal ist da ein Lachen
auch von ihm und aus der Musikanlage
kommen heiße Rhythmen so laut dass
ich nochmal das Bett verlasse langsam
ein Glas Wasser trinke und wieso denn
nicht inmitten meines dunklen Zimmers
ein paar verkrampfte Rumbaschritte
wage diese unsichtbare Frau im Arm

# Rache

Seinen Körper schuf sie aus
zwei Stöckchen sein Inneres
bestand aus Stroh zwei
verschieden große Knöpfe
waren die verdammten Augen
für die Kleidung fand sie etwas
Filz eine seiner Locken gab sie
hinzu wegen der Wirkung der
Stich der Nadel in sein Herz
war dann kein Aufwand mehr

## Nachtschicht (Stillleben)

Um vier Uhr Früh dann ist die
Stückzahl geschafft und die
Maschinen warten geduldig

auf die Ankunft frischer Hände
ein paar Arbeiter sitzen beim
Lieferanteneingang beisammen

und rauchen hinaus Richtung
Morgen ein anderer schlummert
in einem Karton für Füllmaterial

# Expedition

Und dann ist es Abend nichts bleibt
noch übrig außer ein mittleres Gähnen
und drei Blicke zum Kühlschrank lohnt
sich der Aufwand reichen die Kräfte oder
geht man unwiederbringlich verloren
nach gut zwei Dritteln des Weges in den
Untiefen des Zimmers es wird schon
ganz finster heute Nacht keine Sterne
nur das aufdringliche Blinken der Reklame
vom Wettbüro gegenüber was bleibt
schon von einem wird man sich denken
oder so etwas in der Art auf einer Bettstatt
aus liegengebliebenen Haaren vom Hund

# Tag mit Motte

Es ist nämlich so erst passiert wenig bis
nichts so bis um sieben halb acht dann
flattert sie an mir vorbei und malt mit
jedem Flügelschlag das Fenster aus mit
Licht das macht das Aufstehen erträglich

während des Frühstücks diskutiert sie
mit dem Weberknecht in der Ecke über
Tagespolitik die Entlastung der Klein- und
Mittelbetriebe höre ich sie in einer Tour
sagen und ich seufze ein erstes Mal in

die Kaffeetasse hinein den Vormittag
widmet sie ihrer Suche nach den Hügeln
aus Wollpullovern in den Zimmern ich
habe sie weggeräumt mittlerweile aber
bringe es nicht übers Herz es ihr zu sagen

da ist dieses Leuchten in ihren tausenden
Augen mittags hält sie Rast an der Wand
mit den Familienportraits dann ist sie der
Schönheitsfleck auf Großmutters Wange so
ab drei wird sie schwerer vom Tag und lässt

sich in die dunkleren Gegenden treiben
einmal sprach sie der Schnapsflasche zu
und stellte unsere Wohnsituation in Frage
doch das ist aus der Welt abends wenn
ich am Balkon rauche nimmt sie mich bei

der Hand und wir fliegen zum Mond es
dauert nicht lang bis wir mit den Köpfen
an seine Oberfläche stoßen immer und
immer wieder bis wir sehr müde werden
und dann ein nicht unangenehmes Fallen

# Kopf

Die Nachmittage,
die ich mit den Haaren verbrachte.
Franz Kafka, Tagebücher

Was hätte er wohl
zustande gebracht trotz

der ständig lärmenden
Schwestern rundum

wäre da nicht sein
Kopf gewesen und sein

Mittelscheitel der einfach
nicht gehorchen wollte

# Im Stillen

Nach dem Geplapper im Fernsehen kehrst du
zurück zum Gedicht es schmollt in der Ecke es
lässt sich nicht fassen noch so spät am Abend
drängt es hinaus du öffnest die Tür schweren
Herzens ein paar harmlose Verse ganz allein in
der Nacht man darf erst gar nicht dran denken
in Zeiten wie diesen selbstverständlich ist es
dir lieb aber es kostet auch Nerven ein Kleinkind
ist salopp formuliert nichts dazu im Vergleich
nie sagte es zu dir mach dir keine Sorgen denn
nie lehrtest du es richtig zu sprechen das macht
es dir im Stillen zum Vorwurf inmitten all dieser
Verschwiegenheit wirst du zunehmend älter

## Roman

Dir ist ein bisschen fad an diesem
reglosen Abend im Lesezimmer
schlägst du ein Buch auf und kippst

gleich hinein ein Roman mit zu
vielen Figuren und komplizierten
Geschichten schier unmöglich da den

Überblick zu behalten ein ständiges
Kommen und Gehen fast so wie im
richtigen Leben nur etwas konstruiert

für deinen Geschmack natürlich mal
wieder zu spät schaue ich nach was du
treibst keiner da nur ein Buch liegt

am Boden ich stell es zurück an seinen
Platz im Zimmer ein zarter Duft nach
etwas es liegt mir beinah auf der Zunge

## Das Rätsel

Hast du gehört vom Haus das seine
Bewohner nicht mehr erträgt doch
doch das kommt schon vor selbst in
den noblen Gegenden man lebt sich

auseinander ohne bösen Willen und
keiner will's gewesen sein am
Schluss doch wenn du mich fragst der
Lärm der Kinder Tag für Tag dieselben

öden Anekdoten von der Arbeit und
der Hund pinkelt noch immer in die
Ecke als wär's mit Absicht das kann
selbst Mauern mürbe machen mit der

Zeit es heißt das Haus es weint sich in
den Schlaf und jeden Morgen wieder
stehen die Bewohner ratlos vor dem
vielen Salz verstreut in allen Zimmern

# Erklärung

Das müssen die kleinen Teufel des Trotts
gewesen sein in die Wohnung gehuscht
als ich die Zeitung holen ging ohnehin nur
wegen der Rätsel auf den hinteren Seiten
schon beim Ausfüllen überkam mich die
Unlust und mir fiel kein Synonym ein für
*Glück* mit sechs Buchstaben was könnte
das sein ich weiß es noch immer nicht der
Kaffee schmeckte fade und ein mittleres
Erstarren beim Einräumen des Spülers
immerhin das Sparprogramm ließ sich noch
starten das sind diese kleinen Erfolge dann
auf dem Weg zur Arbeit sah ich sie quasi
vor mir die Teufel unter dem Bett um einen
Schlachtplan vereint ein recht siegesgewisses
Murmeln erfüllt den Raum bis jemand auf
den Lattenrost klopft und zur Ordnung ruft

## Milder Westen

Wo wenn nicht am Imbissstand
geht's um die Wahrheit noch ein
Bier um High Noon und dazu
kleine Pommes so werden harte
Fakten geschaffen ein Dornbusch
zieht vorbei aus einer kargeren
Welt man patzt mit dem Ketchup
ein Klecks fällt aufs Herz jetzt ins
Taumeln geraten vielleicht wie ein
angeschossener Fiesling wer wird
um mich weinen fragt man Frau
und Kind wenn es sie gäbe das ist
ein weiterer Schuss ins Knie und
man geht bedächtig zu Boden ein
letzter Blick gilt den wieder hübsch
gewordenen Tauben immerhin
das kann man als Zeichen sehen
wenn man denn will aber haben
sie sich nun schön gemacht für uns
Menschen oder wir uns für sie die
Wahrheit man kann es nicht sagen

# Qigong

Sagen wir man trifft sich zur melancholischen
Stunde das klingt so poetisch und bleibt doch
angenehm vage es könnte morgens im Park sein
wo verlorengegangene Männer ihre täglichen
Atemübungen machen leere Bänke und ein paar
traurige Pfützen vom Regen der Nacht sind die
Kulisse es ist schon Oktober wir sind zwei müde
gewordene Blätter die auf ihre ausgeblichenen
Trainingsanzüge fallen sind nur Erinnerungen die
in regelmäßigen Zügen eingeatmet werden und
wieder aus

## Brief

Wie beginnen vielleicht: wie geht's dir
auf der anderen Seite des Flusses fast
hätte ich dich gesehen müde auf deinem
Heimweg von der Arbeit nichts an dir
erinnerte noch an mich außer womöglich
ein betrübter Schatten unter dem linken
Auge ein winziges Liebespaar ruhte darin
kompliziert ineinander verschlungen salzige
Haut und man horcht sehr genau auf den
Herzschlag des anderen sie schworen sich
nie auseinanderzugehen und wussten es
wirklich nicht besser aber ich könnte mich
auch getäuscht haben so aus der Distanz

## Stridor

Es klingt wie das sanfte
Schaukeln einer Wiege

eine gute Armlänge nur
von mir entfernt mein

Nasenpfeifen spätnachts
in diesem einsamen Bett

III

# Zwischenbericht

Mittlerweile teile ich mein Frühstück mit
den Krähen sie spähen durch das Fenster
vernarrt in meinen Blick dem Blick wie soll
ich's sagen eines enttäuschten Hundewelpen
ausgesetzt auf einer Raststation jedenfalls

kann ich nicht viel aber mein Ei mit Speck
haben sie liebgewonnen zufrieden hocken
sie am Tisch bis kurz vor neun dann flattern
sie davon als ginge es zur Arbeit manchmal
bringen sie Geschenke neulich erst da lag ein

Herz auf dem Balkongeländer ich dachte oh
wie schön ein Herz quasi als Reserve da kam
ein Wind und trug's davon im Hof sah ich es
liegen neben einem Kinderrasenmäher es war
noch ganz doch in mir dieses Krachen Knacken

# Manchmal

vor allem dienstags oder mittwochs wenn
die Woche erste Kratzer hat da werde ich
zu meinem Vater einen Kopf nur kleiner

sitz ich dann reglos auf der Couch in seinem
viel zu großen Hemd das Brusthaar wieder
stark im Kommen und in der Nase der Geruch

nach komplizierter Männlichkeit alles dreht
sich um die Frage wie es so weit kommen
konnte plötzlich rauche ich und greife nach

der nächsten Flasche Bier in seiner Art bis
zum Abend geht das so verschwinden langsam
vor mir jene denen ich das Unglück brachte

# Wir

Der Tag brütet den ganzen Tag über
uns es hat ja doch keinen Sinn sich
dagegen zu sträuben er lümmelt am
Tisch beim Versuch unsere Leben
auswendig zu lernen dabei tut er sich
mit Namen so schwer von Daten erst
gar nicht zu reden wozu das ganze
Theater fragt er wenn ich es ohnehin
bald nicht mehr brauche die Stirn in
Falten gelegt wird er allmählich dunkel

# Besuch

Gestern Nachmittag in den Schuppen
gegangen und mein altes Fahrrad besucht
es hat mittlerweile den Staub liebgewonnen
und mich nicht auf Anhieb erkannt so ist

das mit der Zeit und ihrer starrköpfigen
Macht gerade noch Sommer man rollt
einen sanften Hügel entlang alles ist leicht
man kann sogar weite Strecken freihändig
fahren fast bis in ein anderes Leben nur

vor den Mädchen am Schulweg wollte es
nie so recht klappen kannst du dich erinnern
frag ich jaja raunt es mit blecherner Stimme
aber jetzt mach endlich das Licht wieder aus

## Studenten

Wie praktisch du kommst gut voran
mit deiner Arbeit über das Innere des
Menschen es ist so deine These eine
blaue Regentonne gefüllt mit Zeit und
allerhand anderem Krempel ich sehe uns
stehen in unserem Garten dazwischen
die Tonne im Herbst wir schauen hinein
und können kaum glauben dass sich darin
tatsächlich da unterbrichst du meine
Gedanken du musst noch zur Bibliothek
wie üblich trau ich mich nicht zu fragen ob
ich dich begleiten darf um dir einen Kuss
zu stehlen zwischen verstaubten Regalen

## Warum nicht

Der Sturm vor dem Fenster stahl uns die
Nacht wieder ein paar Stunden älter und
zwei drei neue Sorgen rund um die Augen
das Haus macht's nicht mehr lang und der

Hund hat Verstopfung warum sich nicht
dem Schicksal ergeben und sich forttragen
lassen in alle Windrichtungen in deinem
roten Parka machst du eine gute Figur wie

du davonsegelst über den Wald vielleicht
sieht man sich wieder in ruhigen Gefilden wo
unsere Frisuren zueinander passen und der
Hund holt in der Früh anstandslos die Zeitung

## Variation

Und ich sehe sie nicht tanzen zu dem
Tennessee Waltz ich hocke auf der
Jukebox Mutter übt nur das Rauchen
auf der Toilette sie hat ein tränendes
Auge auf ihn geworfen aber sieht darin
noch kein böses Omen ich würde sie
warnen vor diesem Kerl an der Ausschank
aber ich kann noch nicht sprechen in
dieser Version jetzt kommt sie zurück
was für ein Gang doch er wird ihre Hand
niemals küssen sie holt ihren letzten
Schilling hervor für diese Nacht etwas
muss jetzt geschehen morgen ist Montag
sie schaut durch mich hindurch dann
drückt sie die Taste noch einmal das Ganze
von vorne sie sagt ihren Namen in die
verrauchte Stube hinein er ist nicht Gitte

## Zu Beginn der kalten Jahreszeit

Ins Haus sind die Decken gewandert
wie recht tapsige Tiere im Fernsehen
nur Schnee und wieder die Frage im
Raum ob uns das Brennholz noch einmal
bringt über die Zeit die ersten kälteren
Tage verbringst du im Keller hinter dem
Ofen wie stets auf dem Weg die Treppe
hinunter begegnet mir der tote Vater
seine Wimpern gefroren sein Seufzen
nicht mehr als ein Wölkchen aus Dampf

## Zur Vorgehensweise im November

Vorübergehend
kann wer will verschwinden
in einem Haufen Laub

und sich die Taschen füllen
mit Frühnebel für später

## Gedicht

In einem Gedicht wie diesem kannst
du problemlos unter der Brücke hausen
mit eiskalten Augen und aus deinem

filzigen Bart ein paar zerknitterte Zeilen
holen schaut her sagst du dann zu den
anderen vom Unglück Begünstigten ob

ihr es glaubt oder nicht aber mit einem
solchen Gedicht und du hältst es prüfend
gegen den Mond hatte man früher mal

leichtes Spiel bei den Mädchen wirft man
es heutzutags in eine brennende Tonne
wärmt es einen für ganze sieben Minuten

# Winterlandschaft

Mit jeder Runde die wir drehen um
den zugefrorenen See werden wir
schrittweise älter wo ist nur dein Haar
geblieben fragst du mich etwas heiser
während ich dir einen Gehstock bastle
aus deinen über Jahre ausgestreuten
Plänen wir frieren doch wir müssen's
nur noch bis zur Sitzbank schaffen auf
der Uferseite gegenüber hockt ein
Pärchen siehst du nicht ihre Körper
dampfen in der anonymen Landschaft
daran können wir bestimmt die Finger
wärmen wenn wir ganz höflich fragen

## Mittwoch

Was würde man geben für eine Tür
um hinauszutreten aus diesem Tag er
riecht nach abgestandenem Bier und
kann sich selbst nicht mehr leiden
Kindern als auch Büroangestellten
macht er Angst wie er so durch die
Fußgängerzone torkelt und mit einem
Fingerschnippen für Bewölkung sorgt
in seiner Kleidung hängen noch Reste
leichtfertig vergeudeter Stunden an
jeder zweiten Straßenecke halten
die Menschen inne holen tief Luft und
sagen da kann man leider nichts machen

# Sonntag

Der Zirkus ist heut auf Besuch wir
bitten ihn herein das Wohnzimmer
ist unsere Manege hinterm Vorhang
spähen wir hervor die Wohnung platzt
aus allen Nähten und es riecht nach
Stall wer ist wer im Tumult kann man's
nicht sagen als erste Nummer schaut
die Katze müde durch die Gegend
darauf folgst du als Akrobatin wie du
ein Bild aufhängst in kleiner Höhe und
dann komm ich der Clown der verloren
durch die Tage stolpert erst nur Stille
doch dann hör ich schon das Gelächter

# Betriebsausflug

Die Dichter fahren Karussell das war
ihr großer Wunsch für heuer ein
Schauspiel für den kleinen Mann die
Zeiten werden auch nicht leichter
brav stellen sie sich in die Reihe jetzt
sind sie endlich dran immer schneller
immer höher das ist der Lauf der Dinge
die Gedanken kreisen und Notizbücher
erfüllen die Abendluft noch schnell
ein Blick über die Stadt dann geht es
wieder runter auf die Welt die Dichter
eilen zu den Abfalleimern und erbrechen
darin Worte ei was für ein Gedicht

## Letzte Runde

Kurz vorm Ende huschen wir noch
schnell in den Vergnügungspark kein
Eintritt mehr und noch so viele bunte
Lichter du ziehst mich entschlossen
Richtung *Loopingblitz* ich sag wie stets
vielleicht in einem anderen Leben

stattdessen kauf ich rosa Zuckerwatte
aus den Resten hinter uns wird schon
gekehrt die Nieten eines Tages auf ein
Häufchen vor den Glücksspielbuden all
die Träumereien der Besucher jedoch
kein Grund in Grübeleien zu verfallen wir

beobachten ein Pärchen das hätten wir
sein können zögernd vor der Geisterbahn
aus einer Tür für Mitarbeiter tritt ein
Untoter mit schweren Lidern deutet auf
die Uhr und sagt Zeit wird's meine Lieben
letzte Runde wir sind schon alle müd

# Nacht und Jahr

Das also war das Jahr der Vernunft man
schnitt sich die Haare und blieb vorwiegend
zu Hause man ging früh zu Bett und dachte
Teilzeit an die Geliebte der Müll wurde
fast zärtlich getrennt Buntglas ins Bunte sagt
einem der Anstand der Himmel schien nachts
vergleichsweise näher auf der Veranda zwei
Schluck Bier und eine Eispackung aufs Herz
das war auch schon das höchste der Gefühle

## Später Gast

Und dann kommt noch der Alltag
dazu ein später Gast auf einer Feier
ein bisschen angetrunken erzählt er
abgestandene Witze und zaubert

im Nu herabhängende Mundwinkel
in die Gesichter der Menschen ihnen
werden die Snacks zunehmend öde
sie werden stiller und einen Farbton

grauer denken sie schon an morgen
an die Scherben die Handgriffe und
an diesen Gast der nicht den Anschein
erweckt als würde er irgendwann

wieder verschwinden in den Ritzen
des Sofas gibt's genug Proviant und im
Nachmittagsfernsehen eine Talkshow
zum Thema *Hilfe! Verliebt in den Cousin*

# Beckett und Katze

Ich
liege im Bett und
blättere ein wenig in
den *Texten um nichts*

Sie
hockt gelangweilt am
Fernseher und wartet
auf ein bisschen Handlung

## Kleine Verhältnisse

Nach der Kirche Kirtag sonntags aber
nur kurz schauen unsere Hemden
machen's bestimmt noch eine Zeit
der Himmel seufzt am Straßenrand
springen die Kinder übers Seil von
der Welt in eine andere zurück durchs
Dorf auf engen Wegen den älteren
Damen nach die man nicht überholt
aus guter Tradition so spät zu Hause
könnte man durchaus noch etwas
sagen sparte man sich die Worte
nicht gewissermaßen ab vom Mund

# Nach dem Hund

Wir kommen nach Hause es
ist um ein Drittel jetzt stiller
in unseren Zimmern wie von
Geisterhand räum ich den
Futternapf weg du stehst da
sein Plüschtier im Mund ich
will etwas sagen aber da ist
nur ein leises Bellen im Hals

# Wünsche

Nach der Schule begleite ich Mutter
zum Putzen in den noblen Hinterhöfen
der Stadt rückt sie aus mit dem Besen er
spricht ihr gut zu er meint es werden
auch wieder andere Zeiten kommen doch
man ist sich da nicht so sicher ich kann

inzwischen meine Hausübungen machen
in den Abstellkammern unserer Wünsche
darf man das so formulieren in all dem
Gerümpel verstecken sie sich wie furchtsame
Tiere eines wagt sich hervor es knabbert
an einem Block Kernseife das stört meine

Konzentration Mutter lässt langsam die
Welt verschwinden mit jedem Besenstrich
ein Stück mehr morgen wird mein Platz
leer sein ein leeres Heft auf dem Tisch und
Staub knirscht zwischen den Zähnen
das gibt bestimmt einen saftigen Eintrag

## Dem Ende entgegen

Ein letztes Mal raus in den Nebel
die Pferde füttern mit altem Brot
der Hund bleibt liegen beim Ofen
womöglich für immer später Oktober
und der Dachboden knackt bedenklich
aber behält sein Geheimnis für sich

# Radio

Schlafenszeit du legst die Kassette
ins Deck und die Reise geht los ein
Männlein mit brüchiger Stimme
erzählt unsere Geschichte auf engem
Raum lebt er schon lange in diesem
Gerät Zimmer Küche Kabinett dazu
ein wackliger Tisch ergattert auf einem
Flohmarktbesuch aus einer anderen
Zeit manchmal ist er einsam untertags
wenn die Stille in sämtlichen Ritzen
knistert er denkt an den Augenblick
wenn die Abspieltaste klemmt schon
eigentümlich wohin einen das Leben
so führt sinniert er blickt von seinem
Zettel hoch und hinaus aus dem Fenster
draußen ein einziges Schnarchen er
macht seinen Job zur Zufriedenheit aller

# Traum

Ich war eine tote Maus abgelegt
neben dem Bett aus starren

Knopfaugen sah ich dort jemanden
schlafen die Katze saß beim Türstock

und wartete auf das Erwachen auf
dass sie gelobt wird für ihren Fang

der eine ganze Familie ernähren soll

# Inhaltsverzeichnis

Mario Hladicz, geboren 1984, lebt als Bibliothekar und Autor in Graz. Veröffentlichungen von Lyrik und Prosa in Literaturzeitschriften (u.a. LICHTUN-GEN, Podium, miromente), Anthologien sowie im Rundfunk. Literaturstipendium der Stadt Graz 2021. In der Edition Keiper erschienen bislang der Lyrikband *Gedichte zwischen Uhr und Bett* (2017) sowie der Erzählband *Die Dauer der Scham* (2019).

**Die Dauer der Scham**
Erzählungen

Pappband, 110 Seiten
EUR 20,00 (A) / 19,45 (D)
ISBN13: 978-3-903144-91-0

Nach seinem gelungenen Lyrikband Gedichte zwischen Uhr und Bett (keiper lyrik 15) lässt Mario Hladicz nun mit einem Erzählband aufhorchen, der zeigt, wie wert ihm sein eigenes Schreiben ist. Präzise setzt er seine Worte, akkurat bettet er sein Schreiben in die Erzählform ein und stellt unter Beweis, wie pointiert, aussagekräftig und weitreichend Kurztexte sein können.

Er nimmt sich verschiedenster Themen und Stimmungen an – das Spektrum reicht von poetisch-schaurig über Trauer und Beklemmung bis hin zu einem sympathischen Einfangen von Eitelkeit und Selbstkritik. („Sofort war mir klar, dass ich als lächerlich Gewordener die Suche nach den richtigen Worten abzubrechen hatte." – Zitat)

**Gedichte zwischen Uhr und Bett**
Gedichte - keiper lyrik 15

Broschur, 98 Seiten
EUR 15.40 (A) / 14.98 (D)
ISBN 978-3-903144-15-6

Mit Mario Hladicz hat vor wenigen Jahren ein junger Dichter
die Bühne der Grazer Literaturszene betreten, der zunächst mit
Kurzprosa (für die er 2014 mit dem Literaturförderungspreis der
Stadt Graz ausgezeichnet wurde), dann zunehmend auch mit
Lyrik auf sich aufmerksam machte. Nach einigen Veröffentlichun-
gen in Literaturzeitschriften und Anthologien legt er nun seinen
ersten Gedichtband vor. Hladiczs Gedichte schildern in einem
unaufgeregten, geradezu lapidaren Tonfall Konstellationen und
Begebenheiten von scheinbarer Alltäglichkeit, denen jedoch ein
irritierender, an den Grundfesten dieses Alltags rüttelnder Subtext
eingeschrieben ist. Wie in Egon Schieles bekanntem Gemälde
„Wohnzimmer in Neulengbach" die Wiedergabe des privaten
Lebensumfeldes durch die angedeutete Verschiebung stabil
geglaubter Zusammenhänge eine surreale Aufladung erfährt, so
bilden auch Hladiczs Gedichte zwischen Uhr und Bett die eigenen
vier Wände und die täglichen Wege als Orte des Vertrauten und
gleichzeitig zutiefst Unvertrauten ab, das ständig aus dem realen
Rahmen herauszustürzen droht. Doch Hladicz gibt sich nicht
damit zufrieden, bloß den Finger auf die Risse in der so genannten
Wirklichkeit zu legen. Seine Gedichte bezeugen darüber hinaus ein
tiefes Einfühlen in die Zerbrechlichkeit des Menschen, das den oft
schmerzlichen Blick in die Abgründe des Absurden oder Surrealen
mit einem großzügigen poetischen Gegenentwurf abzugelten weiß.
»So viel Poesie / vor dem Haus gestapelt / zur freien Entnahme«,
lautet denn auch, beinahe in der Art einer Schlussfolgerung, ein
Kurzgedicht am Ende dieses Bandes.

Helwig Brunner
Herausgeber der Reihe keiper lyrik

# Bisher in der Reihe *keiper lyrik* erschienen: